BEI GRIN MACHT SICH IHR WISSEN BEZAHLT

- Wir veröffentlichen Ihre Hausarbeit, Bachelor- und Masterarbeit

- Ihr eigenes eBook und Buch - weltweit in allen wichtigen Shops

- Verdienen Sie an jedem Verkauf

Jetzt bei www.GRIN.com hochladen
und kostenlos publizieren

Laetitia Roszyk

A. Lernet-Holenias - Mars Im Widder

GRIN Verlag

Bibliografische Information der Deutschen Nationalbibliothek:

Die Deutsche Bibliothek verzeichnet diese Publikation in der Deutschen National-
bibliografie; detaillierte bibliografische Daten sind im Internet über http://dnb.d-
nb.de/ abrufbar.

Impressum:

Copyright © 2002 GRIN Verlag GmbH
Druck und Bindung: Books on Demand GmbH, Norderstedt Germany
ISBN: 978-3-656-51905-8

Dieses Buch bei GRIN:

http://www.grin.com/de/e-book/3540/a-lernet-holenias-mars-im-widder

A. Lernet-Holenias - Mars Im Widder

Laetitia Roszyk

Inhalt

Vorstellung des Autors :

Alexander Lernet-Holenia (1897-1976)

Träger des Kleist-Preises und deutscher und österreichischer Staatspreise
Österreichischer PEN-Präsident

Lernet-Holenia „war seit den sechziger Jahren *die* Antifigur der österreichischen
Avantgarde politisch und künstlerisch ein Mann von vorgestern, der gleichwohl
seinen Platz als Provokateur zwischen allen Stühlen suchte und fand."[1]

- 1897 (21.10) Geburt in Wien. Es entsteht das Gerücht, daß er der Sohn eines
  habsburgischen Erzherzog sei. Diese Frage wird ihn sehr beschäftigen.
- 1915   Er inskribiert Rechtwissenschaften an der Uni Wien
- 1915 (Sept.) Anmeldung als Einjährig Freiwilliger . Antritt seines Dienstes
  beim Dragonerregiment N°9 „Erzherzog Albrecht".
- 1916-1918   Im Feld in Polen, der Slowakei, Rußland, der Ukraine und
  Ungarn. Schreibt Gedichte „Himmelfahrt Henochs".

---

[1] „ Zwischen vormodernem Schreiben und postmodernen Lektüre" von Bernd Hamacher internet link1

- 1919   Rückkehr aus dem 1. Krieg, Übersiedlung nach Klagenfurt.
- 1920   Er wird von der Familie seiner Mutter adoptiert und wird von da
  an den Doppelnamen Lernet-Holenia tragen. Wird „freier Schriftsteller und
  Übersetzer".
- 1921   Veröffentlichung seines 1. Gedichtbandes „Patorale".
- 1923   Konversion zum Katholizismus. Veröffentlichung vom
  Gedichtband „Kanzonnair", war R.M. Rilke gewidmet.
- 1926   Kleist-Preis und Ruhm dank den Komödien „Ollapotrida" und
  „Österreichische Komödie". Zieht nach St.Wolfgang zur Mutter.
- 1928   Bekanntschaft mit dem Freund Leo Perutz (1882-1957) sein
  Vorbild. „Quiproquo" schreibt er mit S. Zweig unter den Pseudo Clemens
  Neydisser.
- 1930   Skandal um den Kleist-Preis wegen einer Plagiataffäre.
- 1931-1938   10 Theaterstücke, 1 Gedichtband, mehrere Erzählungen, 11
  Romane („Die Abenteuer eines jungen Herrn in Polen, Ich war Jack Mortimer,
  die Standarte".
- 1939-1940   Waffenübung und 2. Weltkrieg. Verwundet, wird er in Berlin zum
  Chefdramaturgen der Heeresfilmstelle ernannt. Er widmet sich dann der
  Literatur. Begegnung mit Eva Vollbach seine zukünftige Frau.
- 1941   „Mars im Widder" wird in der Zeitung „Dame" abgedruckt, aber
  die Buchausgabe verboten und zerstört.
- 1942-1944   „Beide Sizilien" wird ein Werk, das alles übertrifft.
- 1945-1951 (Okt.) Heirat. Literaturpreise und wird Mitglied der Akademie für
  Sprache und Dichtung in Darmstadt.
- 1954   Mitherausgeber der Zeitschrift „Forum".
- 1955   „Graf Luna" und „Das Finanzamt".
- 1957- 1968   Mit 60 wird er mit dem Großen Verdienstkreuz des
  Verdienstordens der Bundesrepublik Dd ausgezeichnet. Ehrenkreuz für
  Wissenschaft und Kunst der Republik Österreich, aber gibt es zurück. Große
  Österreichische Staatspreis (1961), Eherenmedaille in Gold der Stadt
  Wien(1967). Biographien „Prinz Eugen"(1960) und Naundorff(1961).
- 1969-1976   Wahl zum österreichischen PEN-Präsidenten. Tritt zurück als
  Protest gg die Verleihung des Literaturnobelpreises 1972 an H. Böll.

- 1976 (3. Juli) Tod (Lungenkrebs).

Kontext

1939 ist A. Lernet-Holenia Offizier in der österreichisch-ungarischen Armee gewesen. Er machte den Polenfeldzug mit. Er wurde auf dem Schlachtfeld verwundet und daraufhin bekam er einen anderen Posten. Er hatte aber ein Tagebuch geführt, das ihm beim schreiben des Romans verholfen hat „Mars im Widder" entstand in nur zwei Monaten, nämlich zwischen den 15.Dezember 1939 und dem 15. Februar 1940. Unglaublich echt sind die Details den Krieges Szenen, man spürt eindeutig, dass auch er es erlebt hatte. Tatsächlich sind alle taktischen und technischen Schilderungen des Romans Realität und Lernet-Holenia hat sie auch alle erlebt. So beschreibt er zum Beispiel das Stürmen eines Dorfes und das Aufreiben einer gegnerischen Einheit mit unglaublichen Realismus.

Zuerst konnte man jedenfalls sein Roman in Episoden in der Zeitschrift „Damen" verfolgen. Unter diesem Namen ist aber nicht zu verstehen, dass nur Damen es gelesen haben, sondern auch Soldaten. Mit diesem Titel versuchte man der Propagandaschilderung möglichst zu entkommen. So wurde dieser Abdruck, wenn auch unerwünscht, nicht gestoppt.

Später aber 1941 wurden 15 000 Exemplare vom Roman gedruckt, was zu dieser Zeit schon beträchtlich war. Dem Propagandaministerium missfiel der Roman selbstverständlich, denn er beschrieb mit Menschlichkeit die Kämpfe im Osten und hätte dem arischen Bild schaden können.

Das Haus Fischer legte die Exemplare in den Keller, in der Hoffnung sie hätten sie nach dem Krieg trotzdem auf den Markt bringen können. Alle Exemplare wurden dennoch in Angriffe auf Leipzig im Winter 1943/44 völlig zerstört.

Schließlich erschien eine Auflage 1947 in Stockholm. In Deutschland war es wegen der neuen Währung allerdings nicht einfach Bücher zu importieren und sich sie zu besorgen.

Diese Gründe waren ausreichend den Autor in Vergessenheit zu bringen, und obwohl er unglaublich engagiert weiterhin schrieb, kennen ihn nur sehr wenige Deutschen.

Figurenkonstellation

-Wallmoden: österreichischer Offizier und Held der Geschichte.

-Baronin Guba von Pistohlkors. Der Name taucht eigentlich 2 Mal auch. Die erste Frau, die ihn trägt, ist in Wirklichkeit nicht die, die sie angibt zu sein. Die zweite Frau ist die echte Baronin und die Geliebte von Wallmoden.

-Herr von Örtel ist der Empfänger eines mysteriösen Brief, von dem man nichts weiß, der dennoch reicht, um ihn Verdächtig erscheinen zu lassen. Dieser Mann ist der ehemalige Ehemann von der Baronin. Sie stecken aber noch unter einer Decke und sind in Spionage oder Widerstand beteiligt.

Baron Drska: er ist ebenso unecht, alles was man von ihm erfährt, ist eine Lüge und womöglich ist sein Name auch nicht sein echter Name.

Der „Präsident" : von ihm weiß man nicht einmal sein Name. Obwohl er sehr anständig zu sein schein, erfährt man das der Präsident mal ein Banquier war, und dass er eigentlich schon tot sei.

Il Principe Baravalle-Septinguerra : auch wenn sein Name etwas seltsam klingt, ist er der Einzige unter dieser Gesellschaft, der kein Lügner ist, und der nur um Verwirrung zu stifften eingeladen worden ist.

Wallmodens Genossen :

Sie schaffen oft eine unheimliche Stimmung in der Gruppe des Lagers. Sie reden von Geistern und übersinnliche Sachen.

-Der Leutnant Obentraut

-Oberleutnant Mauriz

-Rosthorn

-Herrn von Baumgarten

-Rex: er verhilft die Wahrheit über dieser ganzen Gesellschaft von Wien zu erfahren, und zu entdecken in wem sich Wallmoden tatsächlich verliebte. Er bringt die Fakten.

-Rittmeister von Sodoma: er sorgt für die Fantastik, die der Roman enthält. Sein Geist rettet Wallmoden das Leben und nicht nur das, sondern durch diese Tat und vor allem die Folgen deren, sorgt er dafür, dass sich Wallmoden und die Frau seines Lebens, diesmal die echte Baronin von Pistohlkors, begegnen.

—

Zusammenfassung

Die Geschichte spielt am Anfang vorwiegend in Wien und Umgebung. Der Held Wallmoden ist Soldat und soll bei Übungen und Vorbereitung in der Armee mitmachen, er wird im Sommer 39 einberufen und er sollte bis zum 16. September im Dienst bleiben.

Er macht die Bekanntschaft einer hübschen, jungen Damen und verliebt sich in ihr. Ihr Name lautet Cuba von Pistohlkors. Ihr Verhalten ist ständig äußerst merkwürdig, ja sogar mysteriös, dennoch gibt sie Wallmoden doch noch ein Rendezvous von dem zu erwarten wäre, dass sie ihn auch liebt und es ihm dann auch gestehen wird.

Aber der Krieg bricht aus und die Division Wallmodens erhält den Befehl Polen anzugreifen.

Rex, ein Soldat einer anderen Einheit, muss nach Wien, deshalb beauftragt Wallmoden ihn diese Frau aufzusuchen und ihr zu sagen, dass er sich entschuldige aber nicht kommen werden könnte, dennoch gebe er ihr ein Rendezvous am 16. September, da es das Datum des Ende seines Dienstes sei.

Aber Rex konnte die Nachricht nicht überbringen. In Wahrheit ist diese Frau schon tot gewesen, als er sie aufsuchte und außerdem war sie überhaupt nicht, die die sie vorgab zu sein. Wahrscheinlich ist sie eine Spionin gewesen, der Name war nicht ihr richtiger und sie wurde deswegen umgebracht.

Nach dieser Aussage von Rex, spricht der Geist des Vorgesetzten von Wallmoden zu ihm. Der Rittmeister von Sodoma warnt ihn dabei und zeigt ihm eine Zuflucht. Gleich darauf bricht ein Bombenanschlag aus. Wallmoden rennt von den Flugzeugen weg, dennoch verliert er beim Ausschlag einer Bomben das Bewusstsein. Er wird im Krankenwagen weggefahren, obwohl er eigentlich nicht verwundet ist. Diesmal bringt der Zufall ihn in ein Gutshof, wo er die Bekanntschaft einer Frau macht, deren man den Pass gestohlen hatte. In ein Moment der „Schwäche" lieben sie sich.

Nur etwas später gesteht Wallmoden ihr den Namen der Frau mit der an jenem Tag verabredet war. Da enthüllt sich der eigentliche Sinn des Abenteuers, denn die Frau heißt in Wirklichkeit CUBA VON PISTOHLKORS.

Der Zufall oder das Schicksal der zwei Menschen hatte sie doch noch am 16. September, wie geplant, vereint. Das Fantastische brachte Wallmoden zur „Frau seines Lebens".

Problematik

Scheinbar ist der Roman Alexander Lernet-Holenias eine Liebesgeschichte, aber er ist unglaublich mehr als nur dies. Man könnte mehrere Thematiken finden und erklären, dennoch hat mich am meisten das Thema der Propaganda interessiert. Meine Gedanken konzentrierten sich vor allem auf folgender Frage:
Was missfiel so genau der deutschen Propaganda?

- historische Fakten

Vor allem ist die Rede von dem deutschen Aufmarsches an der Ostgrenze. Lernet-Holenia erlebt den Angriff auf die Polen und er sagt es selber, dass der Feind gar nicht vorbereitet sei. Der Roman schildert die Vorbereitung eines Überfalls auf die östlichen Länder, obwohl es noch kein „ Aufbruch einer Feindseligkeit gab"
Dies ist noch deutlicher erkennbar, als der Held in Polen Krebse sieht. Sie gehen hintereinander und halten sich fest. Sie marschieren aus dem Fluss. Die Beschreibung mit jenen Wörtern dazu: „Sie wanderten von Osten nach Westen", „rasselnd und klirrend wie ein Geschwader von Gerüsteten", ist ohne Zweifel eine Anspielung an die deutsche Panzerarmee. Heutzutage ist die Anspielung wohl nicht mehr so deutlich, aber damals wurde diese bestimmte Symbolik auch so aufgefasst.

- der Reich des Todes

Lernet-Holenias Beschreibungen der Toten und seine Andeutung von einem Reich zum Anderen springen zu können; d.h. die Abwesenheit von Grenzen zwischen reale und irreale Welt passten damals auch zur Vorstellung, die zu einem arischen Offizier behört.

- Respekt vor dem Feind

Vor allem aber zeigt der Autor durch seinem Helden unglaublichen Respekt vor den Polen, von denen er sagt sie hätte noch „gar nicht wirklich mobilisiert". Er schildert eine gegnerische Armee, die sich nicht wehren kann, weil sie von dem deutschen Angriff überrascht worden ist. Er erzählt von der Völkerauswanderung, von dem

„Elend der Flucht" und dies entsprach gewiss nicht den Vorstellungen, die man von den „ostischen Untermenschen" haben sollte.

- Der Widerstand und geheim Gesellschaft

Auch die mysteriösen Briefe und Benehmen der Leute, mit denen Wallmoden wegen der Baronin sich trifft, lassen natürlich an den Widerstand denken. Zwar wird die Baronin umgebracht, dennoch bleiben einige von diesen Leuten unbestraft, was laut Propaganda unerhört sei.

In Wirklichkeit ist dieses Werk eine historische Erzählung, die aber so viele Umwege nehmen musste, dass sie wie ein literarisches Werk erscheint. Ein Werk dessen Chiffrierung man erst erkennen muss, um es richtig zu verstehen.

Quellenangabe:

http://www.lernet-holenia.com/index.shtml
http://www.lernet-holenia.com/lernet/biograph.htm
http://www.lernet-holenia.com/lernet/kritiken.htm
http://www.lernet-holenia.com/lernet/ueber.htm#Beer
Thomas Eicher (Hrsg.): Im Zwischenreich des Alexander Lernet-Holenia. Lesebuch und "Nachgeholte Kritik".Athena Verlag, Oberhausen 2000.